Der Sagenschatz des Erzgebirges

Historische Sagen neu erzählt

Herausgegeben & bearbeitet
von Alexander Krauß

Inhaltsverzeichnis

Vorwort

Das Erzgebirge ist reich an Sagen. Der Berggeist, Zwerge oder auch eine Nixe kommen darin vor, und natürlich die Erzgebirger selbst. Die Sagen erzählen uns über das oftmals mühselige Leben der Erzgebirger in früheren Zeiten.
Aber sie erzählen auch vom Mut, von der Liebe, der Beharrlichkeit und dem Gottvertrauen, mit denen die Menschen ihr Leben meisterten.
Die Sagenwelt ist bunt und fantasiereich und dennoch steckt immer auch ein Körnchen Wahrheit im Erzählten.
In früheren Zeiten wurden die Sagen mündlich weitergegeben. Auch die hier abgedruckten sind vor allem zum Vorlesen gedacht. Deshalb habe ich mich für eine einfache, verständliche Sprache entschieden. Einige schwierige Wörter werden auf der jeweiligen Seite und am Ende des Buches erklärt.
Kinder lieben es, wenn man ihnen Geschichten vorliest. Und sobald sie selbst lesen können, werden sie die Sagen um den Kätchenstein, den Sankt-Annen-Brunnen und den Berggeist für sich entdecken.
Ein herzliches Dankeschön gebührt Sylvia Graupner aus Annaberg-Buchholz für die farbenfrohen und fantasievollen Illustrationen, Johannes Schmoldt für seine Unterstützung und ERZDRUCK GmbH Vielfalt in Medien, ein zuverlässiger Partner für die Herstellung.

Viel Spaß beim Lesen und Vorlesen wünscht

Alexander Krauß

Daniel Knappe und die Gründung von Annaberg

Im Dorf Frohnau lebte vor langer Zeit ein Bergmann, der hieß Daniel Knappe. Er wohnte mit seiner Frau und sieben Kindern in einer kleinen Hütte. Sie waren sehr arm und hatten oft nicht genug zu essen. Aber sie waren gut zueinander und glaubten an Gott. Doch dann wurde seine Frau krank. Daniel war sehr verzweifelt. Er grübelte: „Wie soll ich alles allein schaffen? Wir haben nicht genug zu essen. Und Geld für Medizin habe ich auch nicht."
In der Nacht hatte Daniel einen Traum. Ein Engel sprach zu ihm: „Geh morgen in den Wald zum Schreckenberg. Am Fuße des Berges steht eine hohe Tanne. Sie ist höher als alle anderen Bäume. In den Zweigen der Tanne wirst du ein Nest finden. Darin liegen goldene Eier. Sie gehören dir. Aber verwende deinen Reichtum klug!"
Am nächsten Morgen lief Daniel sofort in den Wald. Er fand die hohe Tanne und kletterte hinauf. Daniel suchte das Nest mit den goldenen Eiern. Aber er konnte nichts finden, so viel er auch suchte.

Traurig kletterte er wieder hinunter. Ist alles nur ein Traum gewesen? Doch da kam Daniel eine Idee: „Ich sollte auch in den verzweigten Wurzeln nachsehen!", dachte er bei sich. Schnell lief er nach Hause und holte sein Werkzeug. Mit aller Kraft fing er an, den Waldboden unter der Tanne aufzugraben.

Plötzlich begann es silbern zu glänzen und zu glitzern. Daniel rief: „Das ist Silber! Ich habe lauter Silbergänge entdeckt!" Er fiel auf die Knie und dankte Gott.

Daniel hatte den Silberschatz des Erzgebirges gefunden.

Bald verbreitete sich die Nachricht im ganzen Land. Immer mehr Menschen kamen in die bisher so einsame Gegend um den Schreckenberg.

Auch sie hofften, Silber zu finden. Das Silber machte die Menschen reich und sie bauten viele Häuser. So entstand eine ganze Stadt, die später den Namen Annaberg bekam.

Die Geschichte von Daniel Knappe und dem Silberschatz haben die Menschen aus dem Erzgebirge nie vergessen. Ihm zu Ehren werden die Bergleute Knappen genannt. Und ihre Gemeinschaft nennt sich bis heute Knappschaft.

Der Jäger ohne Kopf
im Hofbusch bei Schlettau

Im Hofbusch bei Schlettau, einem dunklen Wald, soll es spuken. Mitten durch
den Wald führt der Weg nach Unter-Hermannsdorf. Man erzählt sich, dass dort
ein Gespenst umgeht: Der Jäger ohne Kopf. Die Sage geht so:

Vor langer Zeit sammelten arme Leute in dem Wald Holz und Reisig. Sie
brauchten das Holz, um Feuer in ihren Hütten zu machen. Am Feuer konnten sie
sich wärmen und das wenige Essen zubereiten, das sie hatten. Aber der Jäger
wollte diese Leute nicht im Wald haben. Wenn er sie traf, schrie er sie an, bis sein
Kopf ganz rot wurde. Manchmal schlug der Jäger sie auch. Die armen Menschen,
und vor allem die Kinder, erschraken sehr und jammerten. Sie warfen ihr
gesammeltes Holz weg und liefen schnell davon. Für sein böses Verhalten wurde
der Jäger jedoch furchtbar bestraft: Nach seinem Tod wurde er nicht begraben,
sondern er musste als Gespenst ohne Kopf im Wald umherlaufen.

Man erzählt, dass noch heute der Jäger ohne Kopf im Hofbusch bei Schlettau
anzutreffen ist. Gutherzige Menschen brauchen vor ihm keine Angst zu haben.
Aber Dieben und schlechten Menschen jagt das kopflose Gespenst
einen gewaltigen Schrecken ein.

Die Zwerge vom Scheibenberg

Es wird erzählt, dass in einer Höhle im Scheibenberg, dem Zwergloch, viele Zwerge zu Hause sind. Sie leben dort mit ihrem König Oronomassan. Die Zwerge sind nicht größer als zwei Schuhe lang. Sie tragen bunte Röcke und Hosen. Den Zwergen macht es großen Spaß, uns Menschen einen Streich zu spielen. Aber die Zwerge haben ein gutes Herz. Sie helfen armen Menschen und vor allem denen, die Hilfe brauchen.

Einmal passierte Folgendes:

An einem kalten Wintertag kam ein armes Mädchen aus Schlettau in den Wald am Scheibenberg. Es hatte einen Korb auf dem Rücken und wollte Feuerholz sammeln. Da begegnete ihm ein kleines Männchen mit einer goldenen Krone auf dem Kopf. Das war der Zwergenkönig Oronomassan. Er klagte: „Hallo, liebes Mädchen, bitte setz mich in deinen Korb. Mir ist so kalt und ich bin ganz müde. Ich finde keinen Ort zum Übernachten. Bitte nimm mich mit zu dir nach Hause!" Das Mädchen kannte den Zwergenkönig nicht. Aber es hatte Mitleid mit ihm und wollte gern helfen. Es setzte das kleine Männchen in den Korb und deckte es mit einem Tuch zu. So war der Zwerg vor Schnee und Kälte geschützt. Das Mädchen nahm den Korb auf den Rücken und machte sich auf den Weg nach Hause. Oh, wie schwer war der Korb auf einmal! Und mit jedem Schritt wurde er schwerer, als ob viele Steine darin wären! Mit letzter Kraft erreichte das Mädchen sein Zuhause.

Endlich konnte es den schweren Korb absetzen und nach dem Zwerg sehen.

Es nahm das Tuch vom Korb und ... kam aus dem Staunen nicht mehr heraus:

Das Männchen war verschwunden.

Im Korb aber glänzte ein großer Klumpen echtes Silber. Da war die Freude groß

und das Mädchen war dankbar und glücklich. Der Zwergenkönig hatte sie

für ihre für ihre Gutherzigkeit belohnt.

Dies ist nur eine von vielen Geschichten, die von den guten Taten

der Zwerge vom Scheibenberg erzählen.

Der Berggeist vom Greifenstein

Vor langer Zeit lebte in Geyer der Bergmann Hans. Er war durch die schwere Arbeit im Berg krank geworden und doch arm geblieben. Zu essen hatten seine Frau und die vielen Kinder nie genug. Und nun erwartete seine Liebste schon wieder ein Baby. Ihr Bauch war schon ganz rund. Am Silvesterabend, dem letzten Abend des Jahres, sollte das Kind zur Welt kommen. Doch die Not war groß: Im Ofen brannte kein Feuer. Allen war kalt. Hans hatte kein Geld. Er konnte weder Feuerholz kaufen noch eine Hebamme* für seine Frau bezahlen.

So wollte er seine Tante aus Günsdorf holen, damit sie seiner Frau bei der Geburt beistehen könne.

Hans verließ das Haus. Aber bald geriet er in einen Schneesturm. Er konnte nicht einmal seine Hand vor Augen sehen. So kam Hans vom Weg ab und verirrte sich. Schließlich erreichte er die Felsen vom Greifenstein. Er erschrak und wollte umkehren. Da erschien plötzlich der Berggeist vor ihm und sprach freundlich: „Beeile dich, Hans, geh nach Haus! Gott hat euch gesegnet. Deine Frau hat drei kleine, gesunde Jungen zur Welt gebracht. Ich möchte gern Taufpate der drei Kinder sein."

Ohne Angst antwortete Hans: „Ja, du sollst der Taufpate sein. Aber wo finde ich dich? Wie soll ich dir sagen, wann die Taufe beginnt?"

* Hebamme – betreut eine schwangere Frau vor, bei und nach der Geburt eines Kindes

Der Berggeist lächelte: „Ich werde zur rechten Zeit da sein." Hans glaubte dem Berggeist und rannte schnell nach Hause.

Dort war alles so, wie der Berggeist gesagt hatte. Hans umarmte seine Frau, küsste die winzigen Babys und seine anderen Kinder auch.

Bald war die Taufe vorbereitet und alle Leute waren aufgeregt: „Wird der Berggeist kommen?" Der Berggeist hielt sein Versprechen.

Er kam als Bergmann gekleidet und betete mit allen. Als Taufgeschenk überreichte er einen Schlägel und Eisen und sagte: „Lieber Hans, bete und arbeite. Diese Werkzeuge helfen dir bei deiner schweren Arbeit. Sie werden dir großen Gewinn bringen. Denke an mich und an Gott." Dann verschwand er.

Der Berggeist hatte Recht behalten. Hans wurde ein reicher Mann. Man erzählt sich, dass er auch die Siedlung Siebenhöfen bei Geyer gebaut haben soll.

Die Entstehung von Jahnsbach bei Thum

Einmal verirrte sich ein Wanderer mitten in der Nacht im Wald nahe des Greifensteins. Jahn, so hieß der Wanderer, wusste nicht mehr, wo er war.
Er hatte schon keine Kraft mehr und war ganz mutlos geworden.
Plötzlich versperrte ihm ein Zwerg den Weg.

Der Zwerg winkte und forderte Jahn auf, ihm zu folgen. Jahn war es unheimlich, aber er folgte dem Zwerg. Ihr Weg ging über Stock und Stein. Der Zwerg führte Jahn bis zu einer Höhle. Als sie die Höhle betraten, verwandelte sich auf einmal der Raum um sie herum: Die Höhle wurde groß und weit. Die Wände waren aus Silber, Tische und Stühle standen da aus purem Gold. Die Höhle wurde ein prächtiges Gewölbe, in dem Tausend Kerzenleuchter hell strahlten. An einer festlich gedeckten Tafel saßen zwölf Männer und aßen die köstlichsten Speisen. Die Männer waren wie edle Ritter gekleidet und hatten lange Bärte.

Der Zwerg sprach zu Jahn: „Setz dich und iss mit uns!" Jahn wusste nicht recht, ob er der Einladung folgen sollte. Doch dann spürte er, wie sein Magen vor Hunger knurrte. Und großen Durst hatte er auch. Also setzte er sich zu den Männern und aß und trank nach Herzenslust. Noch nie hatte er so gut getafelt. Nun war er frisch gestärkt und hatte wieder Mut. Die zwölf Männer freuten sich. Sie beauftragten den Zwerg, Jahns Rucksack zu füllen.

Jahn dankte von ganzem Herzen für die Gastfreundschaft. Er fühlte sich
hier sehr willkommen.

Der Zwerg führte Jahn wieder aus der Höhle heraus. Erst da bemerkte Jahn,
dass sich die Höhle direkt im Greifenstein befand.

Der Zwerg brachte Jahn bis zur Straße, die nach Böhmen führte,
und verschwand. Nun konnte sich der Wanderer nicht mehr verirren.

Jahn wollte wissen, was der Zwerg im Auftrag der Männer in seinen Rucksack
getan hatte. Denn daran glaubte Jahn fest: Die Männer waren gute Geister.

Und richtig: Der Rucksack wurde mit Gold und Silber gefüllt. Jahn freute sich sehr
und versprach, den Schatz mit vielen Menschen zu teilen.

In der Gegend des Freiwaldes bei Thum ließ Jahn viele Häuser bauen.

Dort konnten arme Leute wohnen, ohne Miete zu bezahlen. Jahn kümmerte sich
auch um Kranke und Arme. Schließlich kamen immer mehr Häuser dazu –
ein Dorf entstand.

In Erinnerung an Jahn wurde dieses Dorf Jahnsbach genannt.

Der Sankt-Annen-Brunnen bei Niederzwönitz

In der Nähe von Niederzwönitz gibt es eine Wiese, die vom Streitwald umgeben ist. Dort sprudeln viele Wasserquellen. Man sagt, dass diese Quellen Heilkräfte besitzen. Die bekannteste Quelle ist der Sankt-Annen-Brunnen. Hier wird erzählt, wie die Quelle zu ihrem Namen kam.

Vor vielen Jahren lebte in Niederzwönitz ein Jäger mit seiner einzigen Tochter Ännchen. Als Ännchen fünf Jahre alt war, wurde sie schwer krank und konnte bald nichts mehr sehen. Damals gab es noch keine Heilung von dieser Krankheit. Und so blieb Ännchen blind.

Der Vater liebte Ännchen über alles. Er wollte ihr so gern helfen, aber weder Geld noch gute Worte konnten das Mädchen heilen. Ännchen jedoch verzweifelte nicht. Sie wuchs heran und war ein fröhliches Kind, das fest an Gott glaubte. Jeden Tag betete sie zur heiligen Anna: „Bitte hilf mir und gib mir mein Augenlicht zurück!"

Mittlerweile war Ännchen 13 Jahre alt. Da hatte sie in der Nacht zum Sankt-Annen-Tag, am 26. Juli, einen wunderbaren Traum: Sie sah die heilige Anna, die sie an die Hand nahm und in den Streitwald führte. Auf einer Wiese kam Quellwasser aus dem Boden. Die heilige Anna zeigte zuerst auf das Wasser und danach auf Ännchens Augen. Dann segnete sie das Mädchen und verschwand.

Am nächsten Tag erzählte Ännchen aufgeregt ihrem Vater von dem Traum.

Der Jäger erkannte, dass der Traum die wunderbare Hilfe war, auf die sie

so sehr gehofft hatten.

Er freute sich riesig. Schnell nahm er seine Tochter bei der Hand und führte sie

in den Streitwald. Er fand die Quelle, die Ännchen ihm beschrieben hatte.

Ännchen wusch sich die Augen mit dem Quellwasser und – das Wunder geschah:

Sie konnte wieder sehen! Der Jäger fiel auf die Knie, dankte Gott und versprach:

„An dieser Stelle werde ich eine Kapelle für die heilige Anna bauen."

Noch im selben Jahr baute er eine kleine Kirche.

Die Geschichte hat vor vielen, vielen Jahren stattgefunden. Die Kapelle gibt es

schon lange nicht mehr. Der Sankt-Annen-Brunnen aber ist noch heute zu finden.

Und das Quellwasser ist für seine heilenden Kräfte bekannt.

Das blaue Wunder oder Christoph Schürer in Schneeberg

Über 400 Jahre ist es her, da förderten die Bergleute im Erzgebirge immer weniger Silber zu Tage. Sie schimpften auf Silberräuber und den Berggeist, den sie Kobold* nannten. Diese Räuber seien schuld daran, dass die Bergleute nur noch taubes Erz finden würden. Taubes Erz aber war in ihren Augen wertlos, niemand wollte es kaufen.

Zu dieser Zeit kam Christoph Schürer aus dem böhmischen Erzgebirge nach Schneeberg. Er musste aus seiner Heimat fliehen, denn in Böhmen durfte er nicht nach seinem Glauben leben. Christoph war ein kluger Mann. Er kannte sich in Chemie und anderen Naturwissenschaften gut aus. So fand er im Bergbau, beim Hüttenmeister Rau, schnell Arbeit.

Rau hatte eine Tochter, Anna. Ihr gefiel der kluge und fleißige Christoph und sie verliebte sich in ihn. Und auch Christoph fand Gefallen an Anna. Es dauerte nicht lange, da wollten Anna und Christoph heiraten. Der Hüttenmeister Rau war einverstanden und so sollte die Hochzeit beim nächsten Bergfest stattfinden. Bis dahin mussten noch einige Monate vergehen, eine Zeit, in der Christoph wenig Glück haben sollte ...

Anna erzählte Christoph von den Berggeistern, doch der glaubte nicht an diese Geschichten. Er erklärte Anna: „Wir müssen das Erz vom wertlosen Stein trennen,

Kobold – Hausgeist, meist gutherziger, zu Streichen aufgelegter Zwerg

wir müssen das Gestein schmelzen und daraus etwas Nützliches gewinnen."

Gesagt, getan: Christoph begann, in einer Schmelzhütte in Oberschlema viele Versuche zu machen. Er verbrachte jeden Tag und auch manche Nacht damit, Steine zu schmelzen und Erze zu gewinnen.

Die Leute in Oberschlema fragten sich schon: „Was treibt er da die ganze Zeit?" Und bald wurde Christoph verdächtigt, ein Hexenmeister zu sein.

Dem Bergmeister von Schneeberg kamen nicht nur diese Gerüchte zu Ohren. Er hörte auch von Vorwürfen aus der Stadt Platten in Böhmen. Dort hatte Christoph eine Zeit lang gelebt. Aber die Leute in Platten waren neidisch auf ihn gewesen. Sie hatten nicht verstanden, was er auch dort schon mit Glas und Stein und Farben ausprobierte. Deshalb nannten sie ihn einen Zauberer, Dieb und Betrüger.

Dem Bergmeister von Schneeberg reichte es. Er ging mit seinen Helfern zur Schmelzhütte und wollte Christoph Schürer verhaften. Sie klopften an die Tür, aber Christoph war so in seine Arbeit vertieft, dass er sie nicht hörte. Da brachen sie die Tür auf. Nun endlich unterbrach Christoph seine Arbeit, kam ihnen lächelnd entgegen und wollte sie herzlich begrüßen. Als er aber die Vorwürfe gegen ihn hörte, war er sehr erschrocken. Doch die Männer des Bergmeisters ergriffen ihn und legten ihm Fesseln an.

Christoph aber rief laut: „Männer! Prüft erst, ehe ihr entscheidet. Ich bin kein Hexenmeister, ich bin kein Dieb, ich bin kein Verbrecher! Ich habe den Berggeist und Kobold besiegt. Schaut her!"

Er zeigte den Männern blaues Staubmehl, aus dem man wunderbare Farbe herstellen konnte.

Die Männer staunten. Sie wollten wissen: „Wo hast du so schöne Farbe herbekommen?" Christoph zeigte den Männern, wie er die Farbe hergestellt hatte. Ihm war es gelungen, aus dem tauben Erz etwas Schönes und Brauchbares zu gewinnen. Nun glaubte niemand mehr, dass Christoph ein Hexenmeister sei. Mit der Herstellung der blauen Farbe, dem Kobalt, wurde Christoph berühmt. Das Glück blieb seitdem an seiner Seite: Zum Bergfest heiratete er seine Anna und sie lebten glücklich und zufrieden bis ans Ende ihrer Tage.

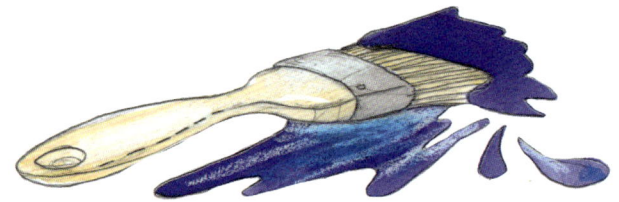

Die Teufelswand bei Eibenstock

Zwischen Eibenstock und Unterblauenthal, am linken Ufer der Bockau,
liegt die Teufelswand. Darin befindet sich eine große Höhle.

Von ihr wird Folgendes erzählt:
Zehn reiche Diebe hatten sich zusammengetan und einen Plan ausgeheckt.*
Sie wollten viel Geld stehlen. Dieses Geld wollten sie in Böhmen gegen noch
mehr Falschgeld eintauschen.

* aushecken – sich einen Plan, einen Streich ausdenken

Mit dem Falschgeld wollten sie wieder nach Hause zurückkehren und es unter die Leute bringen. Damit würden sie noch viel reicher werden.

Gesagt, getan: Nun waren die Diebe mit einem Pferdewagen voll Geld in Richtung Böhmen unterwegs. Plötzlich brach ein heftiges Gewitter über sie herein. Sie brauchten dringend ein Dach über dem Kopf.

Die Diebe schickten ihre Knechte* aus. Sie sollten die Gegend erkunden. Bald darauf kehrte einer der Knechte zurück. Er hatte auf einem Hügel ein unbewohntes Schloss entdeckt. Dort könnte man gut das Ende des Gewitters abwarten. Es gab nur ein Problem: Der Wagen mit dem Geld konnte den schlechten Weg zum Schloss nicht fahren. So beschlossen die Diebe, dass die Knechte beim Pferdewagen bleiben sollten. Sie selbst aber liefen schnell zum Schloss. Dort fanden sie nur einen einzigen Raum, der sie vor dem Regen schützte. In dem Raum stand ein alter Tisch. Daran setzten sich die Diebe und erzählten von ihren bösen Taten. Da wurde das Gewitter noch stärker und heftiger. Es donnerte dreimal und blitzte schrecklich hell. Auf einmal stürzte das Schloss ein und aus den Trümmern stieg ein gespaltener Felsen auf.

Die Knechte der zehn Diebe wurden durch den riesigen Krach ohnmächtig. Erst als das Gewitter nachließ, wachten sie wieder auf. Der Pferdewagen stand noch da, aber o Schreck! Das Geld war verschwunden. In dem Moment schlug es Mitternacht. Beim letzten Schlag der Glocke erschien den Knechten eine große Lichtgestalt. Mit lauter Stimme befahl sie: „Folgt mir!" Die Knechte zitterten am ganzen Körper. Die Lichtgestalt führte sie zu einem hohen Felsen, in dem eine Steintür eingelassen war. Sie gingen durch die Tür in den Felsen hinein und betraten eine große Höhle.

Knecht – Arbeiter, der zum Beispiel auf einem Bauernhof schwere Tätigkeiten ausführte

Wie staunten sie, als sie dort ihre Herren, die zehn reichen Diebe, erblickten!
Die Diebe aber mussten Geld aus Feuer zählen. Sie waren totenbleich und
sagten kein Wort.

Die Lichtgestalt sprach zu den Knechten: „Geht in die Städte und Dörfer.
Erzählt, was ihr hier gesehen habt. Die Diebe müssen solange feuriges Geld
zählen, bis sie erlöst werden. Und erlösen kann sie nur jemand, der zehn armen
Menschen hilft und ihnen Gutes tut. Dann muss er das kostbare Kraut Lunaria
finden und damit den Felsen berühren. Der Felsen wird sich öffnen und
er darf eintreten. Das Geld, das dort im Inneren ist, darf er mit sich nehmen.
Allen bösen Menschen aber sei das eine Warnung!"

Die Lichtgestalt verschwand und die Knechte standen plötzlich
wieder am Pferdewagen.

Manchmal soll im Felsen ein lautes Getöse zu hören sein.
Seit einigen Jahren soll es immer lauter werden.

Der Kätchenstein bei Annaberg

In Frohnau bei Annaberg lebte der Steiger* Günzer
mit seiner Tochter Katharina. Günzer war ein ehrlicher und
fleißiger Bergmann, der an Gott glaubte.
Seine liebe Tochter nannte er nur Kätchen.

An einem eiskalten Winterabend kam er müde
von der Arbeit. Seine Hütte war schon in Sicht,
da hörte er neben sich eine Stimme: „Bitte, guter Mann,
nehmt mich mit zu Euch nach Hause! Ich bin fremd hier
und habe keinen Ort, an dem ich bleiben kann." Hilfsbereit
und gutherzig wie der Steiger Günzer war, nahm er den Fremden
mit zu sich. Als aber Kätchen zu Hause die Tür öffnete und den Fremden sah,
erschrak sie sehr und schrie laut auf.
Denn die Augen des Mannes funkelten bei Licht sehr böse. Im selben Moment
war der Fremde verschwunden. Doch ein Zettel lag auf dem Boden.
Darauf stand: „Du sollst meine Frau werden. Ich komme in neun Wochen wieder.
Und wenn du mich dann nicht heiratest, stecke ich eure Hütte in Brand!"
Da wussten der Steiger Günzer und sein Kätchen, dass der Fremde ein teuflisch
böser Mann war. Nun hat jeder Vater Angst um seine Kinder. Und so hatte auch
der Steiger Günzer Angst um sein Kätchen.

Steiger – beaufsichtigt die Bergleute, die Hauer, im Bergwerk

Bei Tage fuhr er als Bergmann in die Grube ein*. Aber Nacht für Nacht überlegte er, wie er seine liebe Tochter vor dem fremden, bösen Mann schützen könnte. Und auch Kätchen grübelte Tag und Nacht, wie sie diesem schlimmen Schicksal entkommen könnte.

Als die neun Wochen vergangen waren, klopfte es nachts gewaltig an Kätchens Fenster: „Komm heraus, meine Braut, wir wollen heiraten!"

Da nahm Kätchen all ihren Mut zusammen und rief:

„Ich nehme dich nicht zum Manne! Du bist böse und machst mir Angst!"

Da fluchte der böse Mann laut und schleuderte einen Feuerball auf das Haus des Steigers Günzer: „In neun Wochen komme ich wieder. Und wenn du mich nicht zum Manne nehmen willst, töte ich deinen Vater!"

* einfahren – Bergmann, der in das Bergwerk hineingeht

Kätchen und ihr Vater konnten sich gerade noch aus der brennenden Hütte retten. Sie weinten und waren sehr verzweifelt. Freunde halfen über die Nacht und fingen gleich am nächsten Tag an, eine neue Hütte für die beiden zu bauen. In der ersten Nacht im neuen Zuhause hatte Kätchen einen Traum. Sie träumte von Zwergen mit langen, spitzen Bärten und hohen, spitzen Hüten.

Die sagten: „Komm zu uns an den Felsen im Wald. Wir werden dir helfen."

Als Kätchen am nächsten Tag aufwachte, erinnerte sie sich an ihren Traum.

Mutig machte sie sich auf den Weg zum Felsen im Wald. Dort angekommen, konnte sie jedoch nichts Besonderes entdecken, so sehr sie auch suchte.

In ihrer Not bat sie Gott, ihr zu helfen. Da schwebte plötzlich ein Engel zu ihr herab. Er klopfte mit dem Kreuz, das er in der Hand hielt, an den Felsen.

Der Felsen öffnete sich. Vor Kätchen stand ein Zwerg, der sie an die Hand nahm und durch ein Tor im Fels in den Berg führte. Sie kamen in einen großen Saal, dessen Wände vor Gold, Silber und Edelsteinen glitzerten. In der Mitte des Saales aber thronte die wunderschöne Frau der Berge. Ihr silbernes Kleid funkelte und auf dem Kopf leuchtete ein Sternenkranz. Sieben Zwerge zu ihren Füßen flüsterten ihr zu: „Hilf dem Mädchen, es ist sonst verloren!" Da überreichte die wunderschöne Frau der Berge Kätchen ein Kreuz, das über und über mit Diamanten besetzt war. „Trage dieses Kreuz und kein Bösewicht der Welt wird Macht über dich erlangen!"

Zur selben Zeit aber arbeitete der Steiger Günzer unter Tage. Auf einmal fuhr ihm Steinstaub in die Augen, sodass er nichts mehr sehen konnte. Als er sich die Augen wieder klar gerieben hatte, lag ein goldenes Kreuz vor ihm.

In das Gold war sein Name eingeritzt.

Staunend nahm Günzer das Geschenk des Berges und lief nach Hause.

Kaum war er zu Hause bei seinem Kätchen, zog ein schreckliches Gewitter auf.

Es blitzte und donnerte und ein Sturmwind knickte die stärksten Bäume wie

Streichhölzer um. Durch dieses Getöse hörten Vater und Tochter plötzlich eine

laute Stimme: „Komm heraus, meine Braut, wir wollen heiraten!"

Da traten beide vor die Tür und hielten dem Bösewicht ihre Gaben aus dem Berg

entgegen: „Du kannst uns nichts anhaben! Wir haben keine Angst vor dir!"

Ihre Freunde aus dem Dorf hörten die Rufe und kamen Vater und Tochter

zu Hilfe. Gemeinsam riefen sie: „Du kannst uns nichts anhaben!

Wir haben keine Angst vor dir!" Der Bösewicht wich vor den beiden Kreuzen

zurück. Plötzlich krachte ein riesiger Blitz zur Erde, riss den Bösewicht mit sich

und er war im selben Augenblick verschwunden.

Endlich konnten der Steiger Günzer und seine Tochter Kätchen ruhig und in Frieden leben. Später wählte sich Kätchen einen lieben Mann. Beide waren glücklich miteinander und ihre Hochzeit wurde ein schönes Fest. Aber Kätchen vergaß bei all ihrem Glück nie, zum Felsen im Wald zu gehen. Dort dankte sie Gott und der wunderschönen Frau der Berge für ihre Hilfe. Und sie dankte ihrem Vater und den vielen Freunden, die ihr in der Not beigestanden hatten.

Jenen Felsen gibt es noch heute. Es ist der Kätchenstein. Er erinnert uns daran, im Leben dankbar und hilfsbereit, gutherzig, mutig und tapfer zu sein.

Die fegende Hexe vom Katzenstein

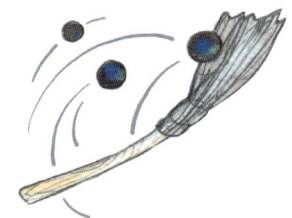

Der Katzenstein ist ein hoher Felsen im Schwarzwassertal. Nicht weit weg liegt Pobershau. Man erzählt sich, dass im Mittelalter hier ein wilder Ritter lebte. Er hatte sich eine Burg auf dem Katzenstein gebaut. Der Ritter war böse, denn er überfiel alle Leute, egal ob arm oder reich. Er raubte ihnen ihr Hab und Gut und verbreitete Angst und Schrecken. Den anderen Rittern wurde das zu viel. Sie beschlossen: „Wir wollen den wilden Ritter besiegen! Wir wollen dem Unrecht ein Ende bereiten." Die Ritter umzingelten die Burg Katzenstein. Sie begannen, die Burg mit Kanonen zu beschießen. Doch keine Kanonenkugel konnte sie zerstören. Aber warum trafen die Kugeln nicht? Hoch auf der Burgmauer stand die frühere Amme* des wilden Ritters mit einem Besen in der Hand. Sie fegte die fliegenden Kanonenkugeln aus der Luft weg. Man sagte, die alte Amme war mit dem Teufel im Bunde. Sie sei eine Hexe. Wie hätte sie sonst die Kugeln wegfegen können? Die Ritter waren verzweifelt, der Mut verließ sie. Sie wollten schon aufgeben, da kam der Pfarrer* zu ihnen und sagte: „Ich will die Kanonenkugeln segnen. Dann können wir den bösen Ritter besiegen."

Und tatsächlich: Die erste Kugel traf die Hexe. Die zweite durchschoss die Mauer. Bald war die ganze Burg zerstört. Der wilde Ritter und seine Knechte mussten sich ergeben. Aber sie wurden für ihre bösen Taten bestraft.

Noch heute soll um Mitternacht und bei Vollmond eine Hexe um den Katzenstein fliegen. Man sagt, sie fegt mit ihrem Besen die Trümmer der Burg weg.

Amme – Frau, die einem fremden Kind ihre Muttermilch gab und das Kind betreute
Pfarrer – Mann, der für eine christliche Kirche arbeitet

Wie in Wiesenthal aus Erbsen Perlen wurden

In Wiesenthal, dem heutigen Oberwiesenthal, lebte einst ein Mann. Er hieß
Michael Rothdörfer. Michael musste mit seiner Familie aus seiner Heimat
Böhmen fliehen. Es war eine schlimme Zeit und die Familie litt große Not. Michael
hatte eine Tochter, die sieben Jahre alt war. Einmal fand das Mädchen im Schutt
eines alten Hauses einige Erbsensamen. Die Samen legte es in ein Beet.

Das Mädchen goss die Pflänzchen und zupfte Unkraut, damit das Gemüse wachsen konnte. Im Sommer gab es die erste Ernte. Als das Mädchen die Erbsenschoten öffnete, wunderte es sich sehr: In manchen Schoten befanden sich weiße Körner. Es brachte die Körner zum Vater und fragte ihn: „Was sind das für Körner?" Der Vater erkannte sofort: „Das sind echte Perlen!" Sofort öffneten sie die anderen Hülsenfrüchte. Auch darin lagen manchmal weiß glänzende Perlen. Sie sammelten die Perlen in einem Kästchen.

Die Familie war überglücklich. Der Vater verkaufte die Perlen. Nun hatten sie genügend Geld. Jedes Jahr beschenkte sie das Erbsenbeet mit Perlen. Die Not hatte endlich ein Ende.

Einige Zeit später reiste die Gräfin Haustein durch Wiesenthal. Sie staunte über die Perlen und sprach: „Das sind die schönsten Perlen, die ich je gesehen habe." Sie fragte danach, wer die Perlen gefunden habe. So erfuhr sie von den Erbsen. Dem Vater bot die Gräfin an, sich um das Mädchen zu kümmern. Es solle bei ihr auf der Burg Lesen und Schreiben lernen. Dafür hätte das Mädchen ein Beet mit den wunderbaren Erbsen zu säen. Und so geschah es.

Als aber die Gräfin die Erbsenschoten auf ihrer Burg pflückte und öffnete, zerschmolzen die Perlen wie Schnee in ihrer Hand. So erging es auch allen anderen Menschen. Nur das Mädchen und ihr Vater konnten die Perlen pflücken. Da sprach die Gräfin: „Das ist ein Geschenk Gottes." Sie ließ das Mädchen wieder nach Hause gehen.

Und so lebten Michael Rothdörfer und seine Familie glücklich und zufrieden in Wiesenthal, dem heutigen Oberwiesenthal.

Der Ottenstein bei Schwarzenberg — wie eine Nixe das Glück zweier Menschen zerstörte

Der Gutshof Ottenstein liegt östlich vom Schloss Schwarzenberg, nicht weit weg von der Straße Richtung Annaberg. Hier wird erzählt, wie der Gutshof Ottenstein zu seinem Namen kam.

In der Festung Schwarzenberg wohnte ein wilder Ritter. Vor einiger Zeit hatte er ein Mädchen zu sich genommen, um das er sich kümmerte. Das Mädchen wuchs heran und wurde immer hübscher. Eines Tages kam Graf Otto von Siebeneichen aus dem Rheinland und verliebte sich in das schöne Mädchen. Und auch das Mädchen verliebte sich in den freundlichen Otto. Beide wollten sehr gern heiraten. Aber der wilde Ritter aus Schwarzenberg hatte vor, das schöne Mädchen selbst zu heiraten. Deshalb lehnte er alle Heiratsanträge von Graf Otto ab. Da flüsterte das Mädchen zu Otto: „Du musst mich entführen, wir müssen beide fliehen. Dann können wir heiraten und gemeinsam in Frieden leben."
Otto war begeistert von dieser Idee.

Nun war Schwarzenberg damals noch von einem See umgeben. Graf Otto suchte sich in der Nähe der Festung eine Unterkunft. Er kam am See in einer Fischerhütte unter. Dem schönen Mädchen auf der Burg Schwarzenberg

schickte Otto eine Nachricht: „Beim nächsten Vollmond werde ich abends am See in einem Boot auf dich warten."

Bis zum nächsten Vollmond sollten noch einige Tage vergehen.

Otto übte fleißig, mit dem Boot über den See zu rudern. Als er eines Abends wieder auf dem See ruderte, geschah plötzlich etwas Seltsames. Mit einem Mal stieg eine wunderschöne Frau aus dem Wasser. Sie setzte sich in das Boot zu Graf Otto, der sie mit großen Augen anschaute: eine Nixe!

Die Frau hatte einen Fischschwanz und ihre Haut schimmerte bläulich.

Auf dem Kopf trug sie eine Krone. Die Nixe sprach: „Komm mit mir in meinen Unterwasser-Palast. Du wirst es nicht bereuen." Doch Graf Otto antwortete.

„Nein, das kann und will ich nicht. Du musst allein gehen. Ich habe schon einer anderen Frau mein Herz geschenkt. Ich kann dich nicht lieben!"

Traurig tauchte die Nixe wieder hinab in den See. Otto aber wollte seitdem nicht mehr auf dem See herumrudern.

Die Tage vergingen, es kam die Zeit des Vollmondes. Otto stieg abends in das Boot, um endlich seine Geliebte abzuholen. Er ruderte zum Ufer an die verabredete Stelle. Und da stand seine Braut, das schöne Mädchen von der Burg Schwarzenberg. Schnell stieg sie ein. Sie umarmten sich und dann ruderte Graf Otto los zur anderen Uferseite. Auf einmal fing der See an zu kochen, das Wasser brodelte und die Wellen schlugen immer stärker an das Boot. In der Tiefe des Sees wütete die Nixe. Sie war zornig, weil Otto sie nicht lieben konnte. Sie war

so neidisch auf das Glück der beiden. Sie wollte nicht, dass sich Otto und das Mädchen liebten. Eine große Welle kippte das Boot um, Otto und das Mädchen fielen ins Wasser. Beide versuchten, ans Ufer zu schwimmen. Doch nur Otto gelang es, sich zu retten. Das Mädchen versank für immer im See. Graf Otto war zu Tode betrübt. Niemals mehr wollte er diesen Ort verlassen. Er baute sich eine Hütte im Wald. Dort lebte er allein und dachte immer an sein schönes Mädchen, seine einzige Liebe. Niemals konnte er vergessen, dass seine Geliebte im See ertrunken war. Eines Tages fanden Fischer den Grafen Otto tot im See.
Keiner wusste, wie er dorthin gekommen war. Die Fischer begruben ihn am Ufer. Sie setzten ein Kreuz auf sein Grab.

Das Grab und auch der See sind längst verschwunden. Aber der Ort, wo sich Graf Otto seine Hütte baute, heißt seitdem Ottenstein.

Der wunderliche Katzentanz

Es war am Abend des 1. Mai im Jahre 1726, da reiste ein braver Mann
mit seinem Begleiter durch das Erzgebirge. Ihr Weg führte sie durch einen
Wald. Doch sie waren schon recht müde. Sie suchten einen Ort, an dem sie
übernachten konnten. Da entdeckten sie ein Haus. Von weitem sah man schon
das Licht in den Fenstern leuchten. Als sie näher kamen, hörten sie fröhliche
Musik. Die Männer schauten durch die Fenster und waren sehr überrascht: Das
Haus war voller Katzen! Manche Katzen machten Musik, andere tanzten dazu.
Aber der brave Mann kam aus dem Staunen nicht mehr heraus: Seine Hauskatze
mit dem wunderbar orange leuchtenden Fell tanzte dort mit! Das war den
Männern doch zu unheimlich. Schnell machten sie sich auf den Weg nach Hause.
Dort kamen sie erst spät in der Nacht an. Am nächsten Tag erzählte der brave
Mann seiner Frau von dem nächtlichen Erlebnis und dem Katzentanz.

Und als sich gegen Mittag die Hauskatze blicken ließ, sagte der Mann zu ihr: „Gestern hast du dir ja einen lustigen Abend gemacht!" Da sprang die Katze laut fauchend dem Mann direkt ins Gesicht und zerkratzte ihn bis aufs Blut. Im selben Moment war sie verschwunden. Am nächsten Tag lag die Katze wieder am Ofen, sie schnurrte zufrieden. Aber Mann und Frau rätselten, warum die Katze plötzlich so böse geworden war. Dem Mann taten die tiefen Kratzspuren lange weh. Seine Frau strich jeden Tag sanft über die Narben in seinem Gesicht.

Dem Mann ließ die Geschichte keine Ruhe, er wollte das Treiben der Katzen untersuchen. Also legte er sich auf die Lauer. Und bald darauf beobachtete er, wie sich die Katzen aus dem ganzen Ort sammelten und in das einsame Haus im Wald spazierten. Neugierig geworden, lief der Mann hinterher.

Er kam bis an das Haus und sah durch die Fenster. Wieder machten einige Katzen Musik, andere tanzten dazu. Doch diesmal entdeckten die Katzen den heimlichen Beobachter. Sie stürzten aus dem Haus und umringten ihn. Dem Mann wurde angst und bange. Mehr als 200 Katzenaugen funkelten ihn böse an. Seine Hauskatze kam auf ihn zu und fauchte: „Du darfst niemandem erzählen, was du hier gesehen hast. Ich werde dich sonst nie wieder vor den gefräßigen Mäusen behüten. Außerdem verlangen wir ein Kilo Gold von dir. Das soll deine Strafe dafür sein, dass du uns heimlich gefolgt bist. In einer Woche ist Vollmond. Dann bringe uns das Gold um Mitternacht!"

Der Mann zitterte am ganzen Körper. Er war einverstanden, obwohl er gar nicht wusste, woher er so viel Gold nehmen sollte. Zu Hause erzählte der Mann seiner Frau davon. Sie verstand, dass er alles über den heimlichen Katzentanz erfahren wollte. Aber nun war die Not groß. Woher sollten sie das viele Gold nehmen? Da hatte die Frau eine gute Idee: „Du hast mir einmal einen Stein mitgebracht, der wie Gold glänzt. Hole mehr von diesen Steinen. Die Katzen werden denken, dass es echtes Gold ist."

Der Mann wollte die Katzen nicht betrügen, aber in seiner Not machte er sich auf den Weg. Er kannte einen Felsen, in dem der glänzende Stein zu finden war. Die Bergleute nennen diesen Stein Pyrit. Der Mann schnappte sich einen Sack, fuhr in das Bergwerk ein und schlug ein Kilo Pyrit.

Nachdem eine Woche vergangen war, ging der Mann bei Vollmond zum Haus der Katzen. Im Mondschein öffnete er den Sack. Wie staunten die Katzen über den Glanz der Steine! Der Mann war wieder frei, die Katzen ließen ihn nach Hause gehen. Und was machten die Katzen mit ihrem Gold?

Sie vergruben es im Wald. Dann feierten sie weiter mit Musik und Tanz. Seitdem wird der Pyrit-Stein Katzengold genannt.

Noch heute treffen sich die Katzen und feiern gemeinsam. Und in jeder Vollmondnacht graben sie ihren Goldschatz aus. Sie freuen sich über den Schatz und bestaunen ihn.

Der ehrliche Bergmann von Annaberg oder „Das himmlische Heer" bei Annaberg

In Annaberg lebte vor langer Zeit ein armer Bergmann, der hieß Daniel.
Er hatte eine große Familie, aber kaum Geld. Schon lange hatte Daniel
kein Erz mehr gefunden. Zu allem Unglück war seine Frau sehr krank.
Die Familie litt wirklich große Not.

Eines Tages arbeitete Daniel wieder im Bergwerk. Aber er fand auch diesmal
kein Erz. Daniel wollte schon aufgeben, da passierte Folgendes: Auf einmal
stürzte ein großer Felsbrocken herab. Ein riesiger Gang von reichem Erz wurde
sichtbar. Eine Stimme rief: „Daniel! Ich bin der Herr der Berge! Was du
in diesem Schacht findest, gehört dir! Nimm es als Geschenk!"

Daniel antwortete: „Das kann ich nicht annehmen. Das Bergwerk gehört mir
doch nicht!"

Doch der Berggeist sagte: „Nimm das Erz für dich, deine Frau und deine Kinder!"
Doch Daniel blieb standhaft, er wollte nichts Unrechtes tun. Da verschwand
der Erzgang wieder. Traurig ging Daniel nach Hause. Kaum war er zu Hause
angekommen, kam ihm freudestrahlend seine Frau entgegen, gesund und
munter, wie man es sich nur wünschen kann.

Sie erzählte: „Ein fremder Bergmann ist bei mir gewesen. Er hat uns Brot, Fleisch und Wein gebracht. Und Medizin für mich, die hat mich im Nu gesund gemacht. Der Fremde sagte außerdem: ‚Eure Not hat bald ein Ende. Das soll ich euch vom Herrn der Berge ausrichten!'"

Voller Zuversicht gingen Daniel und seine Frau zu Bett. In der Nacht hatte Daniel einen Traum. Er sah den Berggeist vor sich stehen und der sagte zu ihm: „Du bist ehrlich, Daniel, deshalb mache ich aus dir einen glücklichen Mann. Geh morgen Früh auf den Schreckenberg. Dort wirst du ein Feuer vom Himmel fallen sehen. Wo es hinfällt, sollst du graben."

Am nächsten Morgen machte sich Daniel auf den Weg zum Schreckenberg. Wie aus heiterem Himmel schlug ein Blitz in eine hohe Fichte ein. Der Stamm spaltete sich. Bei den Wurzeln fing Daniel an zu graben. Er fand einen reichen Silbergang. Daniel stellte beim Bergamt einen Antrag, am Schreckenberg graben zu dürfen. Der Antrag wurde genehmigt und Daniel durfte mit der Arbeit beginnen.

Seitdem wohnte das Glück bei ihm. Schnell wurde Daniel reich. Seine Familie musste nie mehr hungern. Das Bergwerk wurde seitdem „Das himmlische Heer" genannt.

Die Oswaldskirche bei Waschleithe

Nicht weit von Waschleithe können die Reste einer alten Kirche besichtigt werden. Es ist die Ruine* der Oswaldskirche.

Im Erzgebirge wird zu dieser Kirche eine ganz schreckliche Geschichte erzählt: Vor langer Zeit lebte ein reicher Mann, der hieß Caspar Klinger.

Ihm gehörten viele Stollen* und dort arbeiteten noch mehr Bergleute für ihn. Die Bergleute fanden sehr viel Erz in den Gruben. Klinger bereitete das Erz in seinem Hammerwerk auf. Das Handwerk und der Fleiß der Bergleute machten Klinger sehr reich. Doch durch sein Geld wurde Caspar Klinger stolz und überheblich. Wenn Leute ihn grüßten, antwortete er nicht. Er dachte: „Ich bin etwas Besseres!"

Eines Tages begegnete ihm ein Bergherr, der genauso reich war wie er selbst. Der Bergherr hieß Wolf Götterer und ihm gehörte das Bergwerk in Elterlein. Götterer rief zu Klinger ein freundliches „Glückauf!"*. Doch Caspar Klinger grüßte nicht zurück, sondern er drehte stolz den Kopf zur Seite. Darüber wurde Götterer sehr wütend. Er beleidigte Klinger und sagte zum Schluss: „Du kannst wohl nicht sprechen, was?" Einige Leute hatten den Vorfall beobachtet und lachten darüber. Caspar Klinger war aber nicht nur stolz. Er war auch rachsüchtig. Wolf Götterer sollte für seine Unverschämtheit bezahlen.

Ruine – Reste eines zerstörten oder uralten Gebäudes
Stollen – Gang im Bergwerk
Glückauf! – so grüßen sich die Bergleute

Und so heckte Klinger gemeinsam mit seinem Bruder einen furchtbaren Plan aus.
Sie lauerten Wolf Götterer auf und brachten ihn um sein Leben.

Caspar Klinger schämte sich nicht einmal für das, was er getan hatte. Er prahlte

sogar: „Ich habe Wolf Götterer getötet."

Klinger kam vor Gericht. Nun sollte er für seine schlimme Tat büßen.

Der Richter aber war bestechlich. Er nahm das Geld, das ihm Klinger gab, und

ließ ihn wieder frei. Allerdings musste Klinger vor dem Gericht versprechen:

„Ich baue eine Kirche zu Ehren des heiligen Oswald. Und ich gebe

den armen Leuten Brot."

Caspar Klinger dachte bei sich: „Ich bin reich genug. Mit Geld kann ich

alles kaufen." Das Leben seines Bruders konnte er aber nicht retten.

Der war schon gestorben, bevor er vor Gericht kam.

Klinger wartete nicht länger. Er warb Arbeiter an. Sie schlugen im Wald Bauholz.

Sie schleppten Steine aus dem Steinbruch heran. Schon nach einem Jahr war die

Kirche fertig.

Caspar Klinger gab viel Geld für die Kirche aus. Die Kanzel* und der Altar*

wurden reich verziert. Eine schöne Glocke hing im Turm. Alles war zur

Einweihung der Kirche bereit.

Da zog auf einmal ein heftiges Gewitter auf. Der Pfarrer wollte warten, bis das

Unwetter vorbei war. Selbst der Glöckner hatte Angst, die Glocke zu läuten.

Aber Klinger war ungeduldig. Er schrie: „Ich will, dass wir sofort beginnen!

Ich werde die Glocke selbst läuten." Niemand konnte ihn davon abhalten.

Klinger kletterte den Turm hoch. Er begann, am Seil der Glocke zu ziehen.

Kanzel – erhöhter Ort in Kirchen, von dem gepredigt, also das Wort Gottes gesprochen wird
Altar – in der Kirche ein Tisch für den Gottesdienst

Aber was war das? Die Glocke klang nicht hell und klar. Sie bimmelte nur ein bisschen.

In dem Moment schlug auch schon ein heftiger Blitz in den Turm ein. Klinger war auf der Stelle tot und die Kirche brannte bis auf ihre Grundmauern nieder. Niemand wagte es, die Kirche zu retten und wieder aufzubauen. Alle dachten, es sei die Strafe Gottes, die Klinger traf.

Seitdem erzählen sich die Waschleither, dass es in der Ruine der Oswaldskirche spukt. Der Geist von Caspar Klinger würde ruhelos umhergehen. Und er würde jeden Menschen freundlich grüßen. Erst wenn jemand mit „Glückauf" antworten würde, wäre der Geist Klingers erlöst. Das ist jedoch bis zum heutigen Tage noch nicht passiert, denn alle Wanderer erschrecken vor dem Geist und laufen weg.

Das hilfsbereite Bergmännlein

Folgende Geschichte geschah im Jahr 1632 in Crottendorf:

Hans Schürf ging mit seiner Tochter Anna in den Wald. Sie wollten Pilze suchen. Anna war erst acht Jahre alt, aber sie kannte die Pilze des Waldes schon sehr gut. Sie wusste genau, welcher Pilz giftig war und welcher besonders gut schmeckte, wenn er mit Butter und Kräutern in der Pfanne geschmort wurde.

Aber an diesem Tag fanden die beiden kaum Pilze. Sie gingen immer tiefer in den Wald. Wie oft sagte Vater Hans: „Anna, schau mal, dort drüben!" Bei genauem Hinsehen war es doch wieder nur ein braunes Blatt und keine Marone.

Sie suchten viele Stunden und waren am Ende enttäuscht. Es lagen nur fünf Pilze im Korb. Mit leeren Händen wollten sie jedoch nicht heimkehren. Deshalb gingen sie immer tiefer in den Wald und suchten weiter. Anna schaute rechts, der Vater ging nach links. So merkten sie nicht, wie sie sich aus den Augen verloren.

Schließlich fing es an zu dämmern. Die Sonne ging langsam unter. Der Korb von Vater Hans war immer noch halbleer. Er rief nach seiner Tochter: „Anna, wir müssen zurück, sonst überrascht uns die Dunkelheit und wir finden nicht mehr nach Hause!" Doch Anna antwortete nicht. Hans begann sie zu suchen. Er schaute vom Hügel herab, aber er konnte sie nicht entdecken. Er kletterte auf einen Felsen, aber Anna war nicht zu finden. Es war ganz still im Wald, nur ein Vogel zwitscherte in der Ferne. Vater Hans machte sich verzweifelt auf den Weg nach Hause, den er nur noch mit Mühe fand. Doch schon am nächsten Tag kehrte er gemeinsam mit seiner Frau Lise in den Wald zurück.

Sie suchten nach der Tochter: „Anna! Anna!" Am Abend mussten sie ohne Anna wieder nach Hause gehen. Vater und Mutter sorgten sich sehr: Was war Anna zugestoßen? War sie verletzt? Hatte sie ein wildes Tier angefallen? In dieser Nacht schliefen Hans und seine Frau nur sehr wenig. Vater Hans machte sich Vorwürfe: „Ich habe schlecht auf Anna aufgepasst." Mutter Lise hoffte: „Vielleicht findet sie noch den Weg nach Hause. Vielleicht trifft sie einen guten Menschen, der ihr hilft." Die Eltern beteten zu Gott: „Bitte beschütze unsere kleine Anna! Bitte bring sie wieder zu uns nach Hause!"

Tage vergingen. Anna blieb verschwunden. Kein Lebenszeichen von ihr. Niemand hatte sie gesehen. Vater Hans und Mutter Lise wachten traurig auf und gingen traurig zu Bett. In den folgenden Wochen regnete es oft, Gewitter zogen übers Land. Die Eltern sorgten sich noch mehr um Anna.

Zwei Wochen nach Annas Verschwinden klopfte es plötzlich bei den Eltern an der Tür. Vater Hans öffnete. Vor der Tür stand eine Köhlerin*, an der Hand hielt sie die kleine Anna. Sie hatte das Kind im Wald gefunden. Wie froh waren die Eltern, als sie Anna gesund und wohlbehalten wiedersahen! Sie feierten ein großes Fest und dankten Gott. Es war, als ob Anna Geburtstag gehabt hätte.

Später erzählte Anna, was passiert war: „Ich bin über Stock und Stein gelaufen, habe Birkenpilze und Pfifferlinge gefunden. Nach dem Vater habe ich gar nicht mehr geschaut. Als es dunkel wurde, habe ich nach ihm gerufen, aber er hat mich nicht gehört. Da wusste ich nicht, was ich tun sollte. Manchmal habe ich geweint. Die erste Nacht schlief ich auf dem weichen Moos des Waldbodens. Am nächsten Tag habe ich den richtigen Weg aus dem Wald gesucht, ihn aber nicht gefunden. Ich habe Heidelbeeren vom Strauch gegessen und Wasser aus dem

* Köhlerin, Köhler – hatten früher den Beruf, Holzkohle herzustellen

Bach getrunken. Ich habe gebetet. Niemand war da, keiner hat mir geholfen. Dann wurde es wieder dunkel. Auf einmal sah ich ein Licht, das auf mich zukam. Ich erkannte eine Lampe. Sie gehörte einem kleinen Männlein. Es trug einen braunen Mantel, wie ihn die Bergleute tragen. Das Männlein sagte, ich solle keine Angst haben. Es gab mir zu essen und zu trinken. Am nächsten Tag habe ich mir einen Unterschlupf aus Zweigen und Moos gebaut. Dort fand ich Schutz vor Unwetter und wilden Tieren. Ich musste mich ausruhen. Und ich habe weiter gehofft und gebangt. In der Dämmerung ist das Männlein wiedergekommen und hat mir eine frische Semmel und frische Milch gebracht. So vergingen die Tage. Jeden Abend habe ich gebetet, für euch, liebe Eltern, und für die ganze Familie. An einem Abend habe ich meinen ganzen Mut zusammengenommen und das Männlein gefragt, wie ich nach Hause, nach Crottendorf komme. Das Männlein wusste es aber nicht. Und dann kam der Tag, an dem ich zu euch zurückkam. Er begann so: Ich bin aufgewacht und sah in der Ferne Rauch. Ich dachte mir: ‚Da muss jemand sein!' Ich lief los und bin nach zwei Stunden auf eine Waldlichtung gekommen. Dort stand ein Kohlenmeiler* und ich traf die freundliche Köhlerin. Sie war mit anderen Leuten im Wald, um Holzkohle herzustellen. Die Köhlerleute haben sich sehr gewundert, dass ich so allein im Wald war. Da habe ich ihnen meine Geschichte erzählt. Die freundliche Köhlerin hat mich zurück nach Hause gebracht. Wir sind drei Stunden gelaufen, dann waren wir endlich da. Vor Freude habe ich geweint. Das Bergmännlein hat für mich gesorgt, die Köhlerin hat mich nach Hause gebracht und Gott hat mich beschützt."
So hat die Geschichte ein gutes Ende gefunden.

* Kohlenmeiler – wie ein Ofen,
  in dem Holzkohle hergestellt wurde

Die Wassergeister am Törichten See bei Satzung

Das Dorf Satzung liegt nicht weit von Marienberg entfernt. Oberhalb des Dorfes gab es einmal einen kleinen See, den man auch „Törichten See" nannte. Niemand ging gern zu diesem See. Die Gegend machte traurig, einen noch traurigeren Ort gab es nicht.

Dort wuchsen nur kranke Kiefern, selbst das Moos sah welk und braun aus. Das Wasser des Sees war schwarz und schlammig. Es roch sehr schlecht. Eines Tages kam Veit Vogel in diese Gegend. Er wohnte in Satzung und stellte in der Nähe des Sees seine Vogelfallen auf. Er hatte vor, die Vögel später zu verkaufen. Plötzlich hörte er aus dem See ein Kreischen, ein Jauchzen und Schreien. Es schien so, als würde dort eine Hochzeit gefeiert. Veit hörte auch Geigen und Pfeifen, obwohl er niemanden entdecken konnte.

Auch andere Menschen hörten manchmal Geräusche, wenn sie am See unterwegs waren. Doch niemand konnte das erklären.

Einige Zeit später war Georg Kastman aus Sebastiansberg am See unterwegs. Er wollte Feuerholz sammeln. Da sah er einen großen Reiter kommen. Der Reiter trug einen langen, schwarzen Mantel. Mit einer Rute in der Hand trieb er sein Pferd an. Der unbekannte Reiter fragte Georg Kastman: „Kennst du den Weg zum Törichten See?" Georg antwortete: „Ja." Da versprach der Reiter, ihn zu bezahlen, wenn er ihn zum See führen würde.

Als sie am See ankamen, sagte der Reiter zu Georg: „Ich bin ein Wassermann.

Meine Frau ist von einem anderen Wassermann entführt worden.

Ich habe auf der ganzen Welt in vielen Seen und Gewässern gesucht.

Aber ich habe sie nicht gefunden."

Und dann fragte er sich leise: „Werde ich sie nun hier an diesem wilden, traurigen

Ort finden?" Der Reiter bat Georg: „Ich muss in den See. Halte mein Pferd fest.

Ich will nicht, dass es mir nachspringt. Nur so kann ich meine Frau herausholen,

wenn sie denn darinnen ist." Dann schlug er mit seiner langen Rute auf das

Wasser. Das Wasser teilte sich und der Ritter verschwand im See.

Doch da begann ein lautes Geschrei und Wehklagen. Das Pferd wurde wild und

unbändig. Es wollte dem Ritter ins Wasser folgen. Georg wurde himmelangst:

„Soll ich weglaufen? Soll ich warten?" Und nun färbte sich das Wasser auch

noch rot wie Blut!

Endlich stieg der Reiter aus dem Wasser. Auf den Armen trug er seine Frau.

Zu Georg sprach er: „Ich habe mich gerächt. Der Entführer meiner Frau ist tot."

Der Ritter schwang sich mit seiner Frau auf das Pferd. Bevor er davonritt,

drehte er sich noch einmal zu Georg um und gab ihm einen Beutel:

„Jedes Mal, wenn du in den Beutel greifst, wirst du eine Goldmünze finden."

Georg Kastman griff oft in den Beutel und wurde ein reicher Mann.

Ein Dieb jedoch hätte wenig Glück, denn nur Georg fand Münzen

in dem besonderen Beutel.

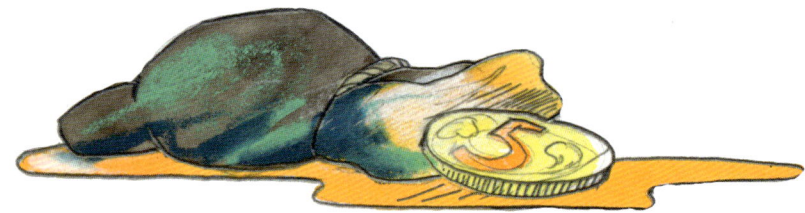

Der Streitwald bei Lößnitz

Ein „Streitwald", was soll denn das sein? Wird dort immer nur gestritten? Streiten dort Pilzsucher um die besten Plätze? Das wäre ja alles andere als ein guter Ort für einen schönen Ausflug! Keine Angst, heute streitet da niemand mehr. Aber es gibt eine spannende Geschichte, wie der Streitwald zu seinem Namen kam.

Vor mehr als 500 Jahren lebten im Erzgebirge zwei Ritter: Ritter Ernst Graf zu Schönburg von Burg Hartenstein und Ritter Bruno von Schönberg aus Stollberg. Beide Ritter wollten auf eine lange und gefährliche Reise ins Heilige Land* gehen. Jeder Ritter beauftragte einen Landvogt*, der sich in ihrer Abwesenheit um die Ländereien und ihre anderen Besitztümer kümmern sollte.
Zur damaligen Zeit gab es im nahen Grünhain ein Kloster*. In dem lebten Mönche mit ihrem Abt*. Der Abt aber war ein böser Mann, der gern den einen oder anderen Streit begann. Und so begab es sich, dass der Abt auch mit den Vögten der beiden Ritter stritt. Und worum ging der Streit? Um einen herrlichen Wald zwischen Hartenstein, Stollberg und Grünhain. Dort wuchsen wertvolle Bäume und es gab viele Tiere.

* Heiliges Land – Bezeichnung für das Land Israel
* Landvogt – vom König eingesetzter Verwalter
* Kloster – Gebäude, in dem Mönche oder Nonnen leben, von der Welt abgeschieden,
            um zu beten und Gott zu dienen
* Abt – Vorsteher, erster Mönch eines Klosters

Der böse Abt wollte den Wald unbedingt für sich und sein Kloster allein haben.

Doch ehe er den Streit gewinnen konnte, starb der Abt.

Inzwischen kehrten die Ritter Ernst und Bruno von ihrer Reise zurück.

Als sie von dem Streit hörten, waren sie sehr wütend und wollten den Abt zur Rede stellen. Der Nachfolger des bösen Abts jedoch war ein freundlicher und kluger Mann.

Er lud die beiden Ritter zu einem Treffen auf freiem Feld bei Lößnitz ein.

Dort sprachen sie lange miteinander, bis sie sich geeinigt hatten.

Sie beendeten ihren Streit und beschlossen, den Wald zu teilen.

Als Erinnerung daran, dass sie ihren Streit beigelegt hatten, stellten sie einen großen Stein auf. Der freundliche, kluge Abt segnete den Gedenkstein.

Bis heute glauben manche, dass von diesem Stein Wunderkräfte ausgehen.

Es kommt sogar vor, dass einige Menschen kleine Stücke vom Stein abbrechen und zu Pulver zerreiben. Sie glauben, dass das Steinpulver Krankheiten heilt.

Bleibt dann bald nichts mehr übrig von diesem Gedenkstein? Führt das vielleicht sogar zu neuem Streit?

Auf jeden Fall bleibt diese Geschichte, wie der Wald in der Nähe von Lößnitz zu seinem Namen kam: Streitwald.

Lengefeld und die Pest

Bereits im Mittelalter gab es gefährliche Krankheiten und Seuchen. Damit sich eine Krankheit nicht weiter ausbreitete, durften die Menschen ihre Wohnungen und Dörfer nicht verlassen. Besonders gefährlich und gefürchtet war die Pest. In der Nähe von Rauenstein steht ein Gedenkstein. Er erinnert an die vielen Menschen, die damals an der Pest gestorben waren.

Die Pest war eine furchtbare Krankheit. Sie war sehr ansteckend und daher sehr gefährlich. Vor ungefähr 500 Jahren wütete die Pest im Erzgebirge. Gerade war ein Krieg vorbei. Er hatte sehr lange gedauert: 30 Jahre. Die Menschen wollten aufatmen. Plötzlich brach in Lengefeld die Pest aus. Der Ort wurde von Soldaten abgesperrt. Niemand durfte Lengefeld verlassen, niemand durfte nach Lengefeld kommen. Aus dieser Zeit erzählt man sich folgende Geschichte:

In Reifland lebte ein junger Mann. Er liebte ein Mädchen aus Lengefeld, beide wollten bald heiraten. Weil aber wegen der Pest niemand mehr nach Lengefeld kommen durfte, konnte er seine Liebste nicht mehr sehen. Zu allem Unglück erhielt er die Nachricht, dass der Vater des Mädchens an der Pest erkrankt war. Der junge Mann überlegte, wie er helfen könnte. Da hörte er von einem Pestessig, der aus vielen Kräutern in Freiberg hergestellt wurde. Es hieß: Wer Pestessig trinkt, den verschont die Pest. Wer an der Pest erkrankt ist, den kann der Essig wieder gesund machen. Der junge Mann eilte nach Freiberg. Dort stellten die Totengräber den Essig her. Er kaufte sich eine Flasche und fand einen

heimlichen Weg nach Lengefeld. Die Soldaten hätten ihn ganz sicher getötet, wenn er entdeckt worden wäre. Doch er liebte sein Mädchen von ganzem Herzen. Für sie brachte er sich in Lebensgefahr.

Der junge Mann erreichte das Haus seiner Liebsten. Für den Vater kam die Hilfe leider zu spät. Er war schon an der Pest gestorben. Das Mädchen aber und viele andere Lengefelder tranken von dem Pestessig.

Bald darauf verschwand die Pest. Die Soldaten bauten ihre Sperren ab.
Nun konnte man wieder nach Lengefeld kommen und man durfte den Ort auch wieder verlassen. Die Lengefelder und auch die Leute aus Reifland beschlossen, ein Wiedersehensfest zu feiern. Sie waren glücklich, denn die Pest war besiegt. Genau in der Mitte des Weges, zwischen Lengefeld und Reifland wurde ein rauschendes Fest gefeiert.

Der Gedenkstein in der Nähe von Rauenstein erinnert noch heute an die schreckliche Zeit, in der so viele Menschen an der Pest gestorben waren.

Der todbringende Segelflug vom Annaberger Kirchturm

Neben der Sankt-Annen-Kirche in Annaberg liegt die Große Kirchgasse. Im unteren Teil der Großen Kirchgasse kannst du im Straßenpflaster einen roten Stein entdecken. Von diesem Stein erzählt man sich folgende Geschichte:

Eines Tages stand ein Junge aus dem Kinderchor auf dem hohen Kirchturm. Plötzlich erfasste den Jungen ein heftiger Windstoß. Er stürzte vom Kirchturm hinunter in die Tiefe. Zum Glück aber trug er seinen Chormantel. Der blähte sich im Wind wie ein Ballon auf. Der Junge schwebte, wie an einem Fallschirm hängend, wohlbehalten zur Erde hinab.

Das sah ein Dachdecker. Er war ein leichtsinniger Mann, der gern jeden Unsinn mitmachte. Er dachte bei sich: „Ich will auch mal fliegen! Das sieht sehr lustig aus und macht bestimmt viel Spaß."

Flugs stieg er auf den hohen Kirchturm. Er legte sich seinen Mantel um und sprang. Aber, o Schreck, der Mantel verfing sich in Armen und Beinen!

Kopfüber stürzte der leichtsinnige Dachdecker auf die Straße und war sofort tot.

Dort, wo der Mann in seinem Blut gefunden wurde, setzte man einen roten Stein ins Straßenpflaster.

Bis heute erinnert der Stein an diese Begebenheit.

Die Zwergenkammer im Kupferhügel

In der Gegend um den Kupferberg haben viele Bergleute jahrhundertelang schwer gearbeitet. Sie bauten in den Bergwerken wertvolle Erze ab.

Der Kupferberg liegt im böhmischen Erzgebirge, in der heutigen Tschechischen Republik. Hört, was sich dort vor langer Zeit ereignet haben soll:

Eines Tages fuhren drei Bergleute in den Schacht ein, um Erz auszugraben. Sie schlugen fleißig Steine aus dem Berg und waren fröhlich bei der Arbeit. Als sie schon viele Stunden gearbeitet hatten, hörten sie auf einmal wunderschöne Musik. Sie kam aus dem Inneren des Berges. Überrascht sahen sich die drei Bergleute an: „Hört ihr das? Eine so schöne Musik haben wir noch nie in unserem Leben gehört! Selbst bei unseren Familienfesten gab es so etwas noch nie."

Die drei Bergleute dachten nach: „Das ist bestimmt der Berggeist. Wir wollen ihn nicht stören." Für diesen Tag wollten sie gerade ihre Arbeit beenden, als Folgendes passierte:

Viele kleine Männchen kamen auf die drei Bergleute zu. Jedes von ihnen war nicht größer als die Hand eines Bergmannes. So viele kamen, und jedes Männchen trug ein Musikinstrument mit sich. Hinter den Männchen aber lief eine bunte Schar von Zwergen. Die Zwerge hüpften fröhlich und kamen immer näher. Als sie direkt vor den Bergleuten standen, riefen sie ihnen laut zu: „Glückauf! Ruht euch von der Arbeit aus! Seid fröhlich und feiert mit uns!

Was ihr heute an Arbeit nicht mehr schafft, erledigen wir für euch
nach dem Fest. Wir helfen euch!"

Erstaunt, aber auch dankbar für die Pause legten die Bergleute ihr Werkzeug
zur Seite. Sie waren doch sehr müde von der harten Arbeit. Die Einladung aber
nahmen sie gern an. Sie freuten sich auf das Fest und waren guter Dinge.

Bald fingen die Zwerge an zu tanzen, die Bergleute schauten zu. Schließlich gab
ein kleines Männchen mit seiner winzigen Hand ein Zeichen. Daraufhin stellten
sich alle Zwerge im Kreis auf. Sie nahmen die Bergleute und die Musik
spielenden Männchen in die Mitte des Kreises.

Und dann fingen die Musiker an, laut und schön zu spielen. Zuerst wiegten sich die Bergleute im Takt der Musik, dann begannen sie zu tanzen. Sie waren wie verzaubert. Und gemeinsam mit den Zwergen sprangen und hüpften sie immer schneller. Nach dem Tanz kam ein alter Zwerg zu den drei Bergleuten und sprach: „Folgt mir, ich führe euch!" Er berührte die Augen der Bergleute und die drei konnten nichts mehr sehen. Der alte Zwerg führte die Bergleute in eine Kammer, weiter oben im Berg. Dort konnten sie wieder sehen, aber sie wollten ihren Augen nicht trauen: Die Kammer war voller Schätze. Gold, Silber und Edelsteine glänzten. Der alte Zwerg sprach: „Nehmt euch, was euch nützlich ist.
Damit sollt ihr lange glücklich leben. Seid sparsam und fleißig! Tut ihr das nicht, werdet ihr den Reichtum verlieren und arm sterben."
Jeder der Bergleute nahm so viele Schätze, wie er mit beiden Händen tragen konnte. Im Nu waren sie wieder zurück in ihrem Schacht. Dort hatten in der Zwischenzeit die Zwerge für sie gearbeitet und große Haufen Erz aus dem Berg geschlagen. Die Bergleute wollten den Zwergen gerade danken, da waren sie auch schon verschwunden, genauso wie die kleinen Männchen.
Nur noch von Ferne hörten sie ihre Musik. Die drei Bergleute fuhren aus dem Bergwerk aus. Sie meinten, es wäre schon Nacht. Aber wie staunten sie, als im Osten gerade die Sonne aufging! Und sie staunten noch mehr, als man ihnen sagte, es seien schon fünf Tage vergangen, seit sie in das Bergwerk eingefahren waren. Die drei Bergleute glaubten, sie hätten das alles nur geträumt. Aber die

Goldstücke in ihren Händen waren der Beweis: Es war kein Traum! Glücklich

kehrten sie heim. Noch glücklicher jedoch waren ihre Familien, die sich fünf Tage

lang große Sorgen um sie gemacht hatten.

Jeder Bergmann kaufte sich ein Haus und lebte darin mit seiner Familie glücklich

und zufrieden. Nur einer der drei Bergleute wurde mit der Zeit hochnäsig und

sehr faul. Er dachte: „Die anderen können ja arbeiten, ich bin etwas Besseres."

Nun geschah, wie es der alte Zwerg versprochen hatte. Der Bergmann verlor

all seinen Besitz und wurde bitterarm.

Die beiden anderen Bergleute aber arbeiteten fleißig weiter.

Sie erinnerten sich oft an ihr Glück und dankten dem alten Zwerg,

der sie einst in die Zwergenkammer im Kupferberg geführt hatte.

Die Tellerhäuser bei Wiesenthal

Hört, was sich im Jahr 1570 in Wiesenthal ereignet hat:

Dort lebte ein armer, aber frommer* Bergmann, der hieß Teller. Er arbeitete in einer Grube, in der ganz plötzlich kein Erz mehr zu finden war. Der reiche Bergherr gab die Grube auf und schickte Teller nach Hause. Weil aber der Bergherr auch noch geizig und ungerecht war, zahlte er ihm für die letzte Woche keinen Lohn. Teller musste mit leeren Taschen nach Hause gehen, obwohl er fleißig für den Bergherrn gearbeitet hatte. Eine neue Arbeit konnte Teller nicht finden. Um wenigstens Brot für sich, seine Frau und die drei Kinder zu haben, musste er sein Hab und Gut Stück für Stück verkaufen. Bald hatte Teller nichts mehr, was er verkaufen konnte. Die Familie hungerte. Die Not war sehr groß.

Nun stand das Osterfest vor der Tür. Die Familie aber hatte nichts mehr zu essen. Verzweifelt ging Teller am Ostermorgen in die Kirche. Als er eintrat, sah er etwas Merkwürdiges: Teller sah sich selbst an der Kanzel im Festtagskleid stehen.

Auf den Schultern trug er glänzendes Silber. Er rieb sich die Augen.

Aber das Bild blieb. Was hatte das zu bedeuten?

Auf dem Weg nach Hause begegnete ihm ein unbekannter Mann. Der fragte ihn: „Warum siehst du so nachdenklich und traurig aus?" Teller klagte ihm seine Not.

Da schenkte ihm der Unbekannte ein großes Geldstück.

Teller fasste neuen Mut. Er kaufte von einem Teil des Geldes

fromm – an Gott glauben, glaubensstark

die notwendigsten Sachen und machte sich auf den Weg nach Hause.

Aber zu Hause fand Teller keine Ruhe. Immer wieder sah er das Bild aus der Kirche vor sich, wie er sich selbst im Festtagskleid sah. Und immer wieder musste er an die Grube denken, die der Bergherr aufgegeben hatte.

Am nächsten Tag ging Teller fest entschlossen zum Bergmeister. Dort kaufte er sich vom übrigen Geld die Erlaubnis, in der alten Grube zu graben.

Teller grub zwei Tage lang mit bloßen Händen, aber er fand nichts. Erschöpft setzte er sich, um das letzte Stückchen Brot zu essen. Da sprang ein Mäuschen herbei und schnappte sich die Brotkrümel, die heruntergefallen waren. Teller freute sich über den kleinen Gast. Als das Mäuschen aber begann, am Fett seines Grubenlichts zu knabbern, verscheuchte er es mit einem lauten Klatsch in die Hände. Das Mäuschen erschrak und flüchtete in einen winzigen Spalt im Gestein. Teller hatte dem Mäuschen nachgeschaut und schmunzelte. Plötzlich stutzte er und wollte seinen Augen kaum trauen. Aus dem winzigen Spalt schimmerte es silbern hervor. Teller hatte eine Ader aus reinem Silber gefunden.

Schnell eilte er nach Hause und erzählte seiner Familie vom Silberschatz. Endlich hatte die Not ein Ende. In wenigen Tagen wurde aus dem armen Bergmann ein reicher Bergherr. Aber Teller vergaß über seinem Reichtum nie die armen Leute. Er blieb ein frommer Mann und half den Armen, wo er konnte. Für seine drei Kinder baute er drei kleine Häuser in der Gegend zwischen Wiesenthal und Rittersgrün. Diese werden noch heute Tellerhäuser genannt.

Das Männchen in der Grube zu Johanngeorgenstadt

Die Geschichte, die hier erzählt wird, ereignete sich am 7. August im Jahre 1719. Im Bergwerk „Zur treuen Freundschaft" in Johanngeorgenstadt arbeitete gerade Johann Christoph Schlott. Als es Mittag wurde und er sich von seiner Arbeit im Schacht ausruhte, hörte er plötzlich in der Ferne ein Hüsteln. Er dachte bei sich: „Das ist bestimmt der Steiger. Er will nachsehen, wie viel ich schon geschafft habe." Johann Christoph wartete einen Augenblick. Aber niemand kam in den Schacht. Da beschloss er, aus dem Schacht auszufahren*. Gerade wollte er sich auf den Weg machen, da kam ihm jemand mit einem brennenden Grubenlicht entgegen. Johann Christoph dachte bei sich: „Das muss der Steiger sein."

Als sich aber beide begegneten, sah er, dass es nicht der Steiger war, sondern ein kleines Männchen in einem braunen Kittel. Sogleich hängte das Männchen sein Grubenlicht wie von Geisterhand an den glatten Felsen. Es legte seine Tasche ab und fragte Schlott: „Ist schon Schicht? Ist die Arbeit zu Ende?" Wegen der Beerdigung des Hammerwerkbesitzers sollte nämlich an diesem Tage die Schicht eine Stunde eher enden.

Schlott bekam es mit der Angst zu tun. Das Männchen hatte er noch nie gesehen. Und das mit dem Grubenlicht kam ihm gespenstisch vor. Schnell eilte er davon. In der Grube traf er keine Bergleute mehr.

ausfahren – Bergmann, der aus dem Bergwerk herauskommt

Als er aber im Huthaus ankam, erzählte er dem Steiger von seinem Erlebnis
unter Tage. Der Steiger und die anderen Bergleute glaubten Johann Christoph
anfangs nicht. Sie lachten ihn aus: „Zeig uns doch im Schacht, wo das Männchen
sein Grubenlicht hingehängt hat!"
Und tatsächlich befand sich nun an dieser Stelle ein kleiner Felsspalt.
Der Steiger ließ einen Schuss bohren, ein kleines Loch, in das Sprengstoff
gesteckt wurde. Nachdem die Bergleute den Sprengstoff gezündet hatten,
erblickten sie hinter dem Felsspalt einen reichen Gang mit Erz.
Noch viele Monate bauten die Bergleute um Johann Christoph Schlott
an dieser Stelle das beste Erz ab.

Wo die Sagen herkommen

Früher wurden die Sagen nicht vorgelesen, sondern die Eltern und Großeltern haben sie ihren Kindern erzählt. Die Kinder haben sie wiederum ihren Kindern erzählt. Später wurden sie auch aufgeschrieben, zum Beispiel von Christian Lehmann. Er war vor 400 Jahren Pfarrer in Scheibenberg. Hier steht, wo wir die Sagen gefunden haben.

» Daniel Knappe und die Gründung von Annaberg:
Ziehnert, Widar (1918): Sachsens Volkssagen. Balladen, Romanzen und Legenden, 6. Auflage, Annaberg: Graser, S. 12.

» Der Jäger ohne Kopf im Hofbusch bei Schlettau:
Ziehnert, Widar (1918): Sachsens Volkssagen. Balladen, Romanzen und Legenden, 6. Auflage, Annaberg: Graser, S. 15.

» Die Schatzkammer im Greifenstein:
Ziehnert, Widar (1918): Sachsens Volkssagen. Balladen, Romanzen und Legenden, 6. Auflage, Annaberg: Graser, S. 19.

» Der Berggeist vom Greifenstein:
Ziehnert, Widar (1918): Sachsens Volkssagen. Balladen, Romanzen und Legenden, 6. Auflage, Annaberg: Graser, S. 20.

» Die Entstehung von Jahnsbach bei Thum:
Ziehnert, Widar (1918): Sachsens Volkssagen. Balladen, Romanzen und Legenden, 6. Auflage, Annaberg: Graser, S. 20f.

» Der Sankt-Annen-Brunnen bei Niederzwönitz:
Ziehnert, Widar (1918): Sachsens Volkssagen. Balladen, Romanzen und Legenden, 6. Auflage, Annaberg: Graser, S. 21f.

» Christoph Schürer in Schneeberg:
Ziehnert, Widar 1918): Sachsens Volkssagen. Balladen, Romanzen und
Legenden, 6. Auflage, Annaberg: Graser, S. 22f.

» Die Teufelswand bei Eibenstock:
Ziehnert, Widar (1918): Sachsens Volkssagen. Balladen, Romanzen und
Legenden, 6. Auflage, Annaberg: Graser, S. 23f.

» Der Kätchenstein bei Annaberg:
Ziehnert, Widar (1918): Sachsens Volkssagen. Balladen, Romanzen und
Legenden, 6. Auflage, Annaberg: Graser, S. 96 – 106.

» Die fegende Hexe vom Katzenstein:
Grässe, Johann Georg Theodor (1874): Das Fegeweib vom Katzenstein,
in: ders., Der Sagenschatz des Königreichs Sachsen, Band 1, Zweite
verbesserte und vermehrte Auflage, Dresden: Schönfeld, S. 424 – 425.

» Wie in Wiesenthal aus Erbsen Perlen wurden:
Grässe, Johann Georg Theodor (1874): Die Perlenschoten zu Wiesenthal.,
in: ders., Der Sagenschatz des Königreichs Sachsen, Band 1, Zweite
verbesserte und vermehrte Auflage, Dresden: Schönfeld, S. 431 – 432.

» Der Ottenstein bei Schwarzenberg –
wie eine Nixe das Glück zweier
Menschen zerstörte:
Grässe, Johann Georg Theodor (1874):
Der Ottenstein bei Schwarzenberg., in: ders.,
Der Sagenschatz des Königreichs Sachsen, Band 1,
Zweite verbesserte und vermehrte Auflage,
Dresden: Schönfeld, S. 462 – 463.

» Der wunderliche Katzentanz:
Grässe, Johann Georg Theodor (1874): Der wunderliche Katzentanz.,
in: ders., Der Sagenschatz des Königreichs Sachsen, Band 1, Zweite
verbesserte und vermehrte Auflage, Dresden: Schönfeld, S. 487 – 488.

» Der ehrliche Bergmann von Annaberg oder „Das himmlische Heer" bei
Annaberg: Grässe, Johann Georg Theodor (1874): Das himmlische Heer
bei Annaberg, in: ders., Der Sagenschatz des Königreichs Sachsen,
Band 1, Zweite verbesserte und vermehrte Auflage, Dresden: Schönfeld,
S. 465 – 466.

» Die Oswaldskirche bei Waschleithe:
Grässe, Johann Georg Theodor (1874): Die Oswaldskirche bei Elterlein,
in: ders., Der Sagenschatz des Königreichs Sachsen, Band 1, Zweite
verbesserte und vermehrte Auflage, Dresden: Schönfeld, S. 473 – 475.

» Das hilfsbereite Bergmännlein:
Grässe, Johann Georg Theodor (1874): Der gespenstige Bergmann bei
Rittersgrün und Scheibenberg, in: ders., Der Sagenschatz des Königreichs
Sachsen, Band 1, Zweite verbesserte und vermehrte Auflage,
Dresden: Schönfeld, S. 504 – 505.

» Die Wassergeister am Törichten See bei Satzung:
Ziehnert, Widar (1918): Sachsens Volkssagen. Balladen, Romanzen und
Legenden, 6. Auflage, Annaberg: Graser, S. 235.

» Der Streitwald bei Lößnitz:
Grässe, Johann Georg Theodor (1874): Der Friedenstein am Streitwald,
in: ders., Der Sagenschatz des Königreichs Sachsen, Band 1,
Zweite verbesserte und vermehrte Auflage, Dresden: Schönfeld, S. 501.

» Lengefeld und die Pest:
Grässe, Johann Georg Theodor (1874): Der Stein bei Rauenstein, in: ders.,
Der Sagenschatz des Königreichs Sachsen, Band 1, Zweite verbesserte
und vermehrte Auflage, Dresden: Schönfeld, S. 501 – 502.

» Der todbringende Segelflug vom Annaberger Kirchturm:
Ziehnert, Widar (1918): Sachsens Volkssagen. Balladen, Romanzen und
Legenden, 6. Auflage, Annaberg: Graser, S. 485.

» Die Zwergenkammer im Kupferhügel:
Köhler, Johann August Ernst (1886): Der Zwergentanz im Kupferhügel,
in: ders., Sagenbuch des Erzgebirges, Schneeberg/Schwarzenberg:
Gärtner, S. 112ff.

» Die Tellerhäuser bei Wiesenthal:
Grässe, Johann Georg Theodor (1874): Die Tellerhäuser bei Wiesenthal:,
in: ders., Der Sagenschatz des Königreichs Sachsen, Band 1, Zweite
verbesserte und vermehrte Auflage, Dresden: Schönfeld, S. 432 – 433.

» Das Männchen in der Grube zu Johanngeorgenstadt:
Grässe, Johann Georg Theodor (1874): Das Männchen in der Grube zu
Johann-Georgenstadt, in: ders., Der Sagenschatz des Königreichs Sachsen,
Band 1, Zweite verbesserte und vermehrte Auflage,
Dresden: Schönfeld, S. 477 – 478.

Worterklärungen

Abt – Vorsteher, erster Mönch eines Klosters

Altar – in der Kirche ein Tisch für den Gottesdienst

Amme – Frau, die einem fremden Kind ihre Muttermilch gab
und das Kind betreute

ausfahren – Bergmann, der aus dem Bergwerk herauskommt

aushecken – sich einen Plan, einen Streich ausdenken

einfahren – Bergmann, der in das Bergwerk hineingeht

fromm – an Gott glauben, glaubensstark

Glückauf! – so grüßen sich die Bergleute

Hebamme – betreut eine schwangere Frau vor, bei
und nach der Geburt eines Kindes

Heiliges Land – Bezeichnung für das Land Israel

Kanzel – erhöhter Ort in Kirchen, von dem gepredigt,
also das Wort Gottes gesprochen wird

Kloster – Gebäude, in dem Mönche oder Nonnen leben,
von der Welt abgeschieden, um zu beten und Gott zu dienen

Knecht – Arbeiter, der zum Beispiel auf einem Bauernhof
schwere Tätigkeiten ausführte

Kobold – Hausgeist, meist gutherziger, zu Streichen aufgelegter Zwerg

Köhlerin, Köhler – hatten früher den Beruf, Holzkohle herzustellen

Kohlenmeiler – wie ein Ofen, in dem Holzkohle hergestellt wurde

Landvogt – vom König eingesetzter Verwalter

Pfarrer – Mann, der für eine christliche Kirche arbeitet

Ruine – Reste eines zerstörten oder uralten Gebäudes

Steiger – beaufsichtigt die Bergleute, die Hauer, im Bergwerk

Stollen – Gang im Bergwerk

Impressum

Herausgeber: Alexander Krauß, Mitglied des Deutschen Bundestages

Redaktion: Christina Nier, Berlin

Illustrationen: Sylvia Graupner, Annaberg-Buchholz

Herstellung: ERZDRUCK GmbH Vielfalt in Medien, www.erzdruck.de

ISBN 978-3-946568-37-7